Bernd Kohlhepp

Krabbelfinger aufgepasst!

Das große Buch der Fingerspiele

Mit Bildern
von Carola Holland

Sauerländer

Inhalt

Vorwort **4**

Ich und Du — Fingerspiele und Krabbelreime für kleine Kinder **5**

Das Käferkind **6**
Die Fliege **7**
Käferchen steigt ... **8**
Das Murmeltier **9**
Kommt ein Mäuschen **10**
Krabbelt ein Männle ... **10**
Das Pferd an der Bushaltestelle **11**
Im Garten steht ein Baum **12**

Das ist der Daumen — Finger stellen sich vor **13**

Die Familie Finglifei **14**
Das ist der Daumen **14**
Die Familie Itzig **15**
Himpelchen und Pimpelchen **16**
Der kann gut drücken **17**
Zehn kleine Zappelmänner **18**
Otto ist der große Boss **19**
Der ist in den Brunnen gefallen **20**
Der sagt, ich bin berühmt und reich **20**

Das Häschen Löffelohr — Finger spielen Tiere **21**

Die Spinne **22**
Die Katze sitzt vorm Mäusehaus **23**
Unser Linchen **24**
Fünf Kinder gehen in den Zoo **24**
Fünf Schweinchen **25**
In unserem Häuschen **25**
Das kleine Häschen Löffelohr **26**
Das Nashorn **27**
Spuren lesen **28**
Die Muschel **29**
Der große Vogel Strauß **29**
Herbert, der Wurm **30**
Klaus, die Fledermaus **30**

Frau Meier kauft Eier — Finger spielen Geschichten **31**

Frau Meier kauft Eier **32**
Steigt ein Büblein auf den Baum **33**
Der arme Heiner **34**
Der Luftballon **35**
Der Apfel **36**

Der Räuber Bo Levante — Finger spielen Theater **37**

Das kleine Haus **38**
Das Kasperletheater **39**
Das hier ist der Kapitän **42**
Der Räuber Bo Levante **43**
Der Drachenkampf **44**
Fünf Ritter **45**
Wenn ich Räuberhauptmann wär **46**

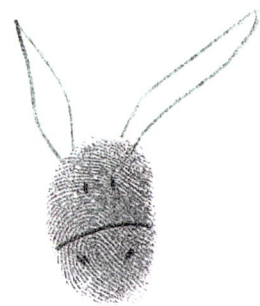

Meine Hand und deine Hand — Fingerspiele zu zweit 47

Die Trollfinger 48
Vogelnestchen 49
Das Telefon 50

Fünf Gespenster — Gruseleien 51

Fünf Gespenster 52
Der Geist in der Streichholzschachtel 52
Ihr da! – Sprüche gegen die Angst 54
Im Keller ist es dunkel 54
Die Maus hat Angst vor der Katze 55
Pinke, Panke, Puster 56

Zwei Indianer im Regen — Wind und Wetter 57

Der Regen 58
Zwei Indianer 59
Wo die wilden Winde wehen 60
Regentropfen 61
Die Kerze 62

Kommando Pimperle — Zeitvertreib mit Fingerspielen 63

Das Krokodil 64
Der Esel im Nil 65
Engele, Bengele 66
Kommando Pimperle 67
Backe, backe, Kuchen 68

Wie schläft die Feder? — Einschlafen mit Fingerspielen 69

Der Siebenschläfer 70
Wie schläft die Feder? 71
Das Traumfernrohr 72

Daumencatchen — Wettkampf mit den Fingern 73

Schere, Stein, Papier 74
Möhrchen, Pistole und Häschen 75
Daumencatchen 76

Zeigt her eure Füße — Über die Füße und über die Zehen 77

Autsch, mein Fuß! – Barfußspiel 78
Die Zehen, die Zehen 79

Vorwort

„Also, hört mal alle her!
Wenn ich Räuberhauptmann wär…"

Wenn Erwachsene Fingerspiele vorführen, greifen sie meistens auf Verse aus ihrer eigenen Kindheit zurück. Das ist wahrscheinlich der Grund, warum viele Fingerspiele über Generationen weitergegeben werden. Es ist aber auch sicher ein Zeichen dafür, wie tief sich diese Spiele einprägen.

Man kann sie – mit ein wenig Mühe – noch nach Jahrzehnten aus dem Gedächtnis holen. Leider ist die Anzahl der Fingerspiele, die man „aus dem Ärmel schütteln" kann, meist nicht besonders groß.

Fingerspiele sind ein kleines großes Welttheater, das man ohne große Vorbereitungen und aufwendige Kulissen hervorzaubern kann. Sie sind eine Bühne im Taschenformat und regen unmittelbar zum Nachmachen an. Sie haben etwas von Zaubersprüchen, die etwas aus dem Nichts entstehen lassen können.

Wie bei einer richtigen Theateraufführung ist es notwendig, ein Spiel erst einmal selber gut zu beherrschen, bevor man es anderen Menschen vorspielt. Kommt man ins Stocken oder weiß man nicht mehr weiter, verlieren die Geschichten an Wirkung.

Es ist auch wichtig, bei einer einmal gewählten Version zu bleiben und nicht zu viel zu variieren. Kinder merken sich jede Einzelheit ganz genau und können es meistens nicht leiden, wenn sich irgendetwas verändert.

Über die Zehen

Den „armen Vettern" der Finger, den Zehen, ist ein kleines Extrakapitel gewidmet. Die Zehen führen meist ein Schattendasein in dunklen Strümpfen und stickigen Schuhen. Wie das Barfußgehen über verschiedene Untergründe, so können aber auch diese Spiele zur Steigerung der Fußsensibilität und zur allgemeinen Verbesserung des Bewusstseins genutzt werden.

Tipp

Vielleicht suchen Sie sich zunächst einige der leichten Spiele aus und testen diese erst einmal, bevor Sie zu den etwas umfangreicheren und schwierigeren übergehen. Sie werden ganz bestimmt die Erfahrung machen, dass Ihre Fingerfertigkeit schnell zunimmt. Dann werden Sie auch die anderen Verse, die einige Verknüpfungen erfordern, sicher bewältigen können. Ganz allmählich bekommen Sie Erfahrung und Routine, sodass Sie sich mit der Zeit ein immer größeres Repertoire für jede erdenkliche Gelegenheit erspielen.

Ich und du

Fingerspiele und Krabbelreime
für kleine Kinder

Das Käferkind

Ein Käferkind,
das ist geschmückt
mit sieben kleinen
Pünktchen:
am Bäuchlein,
am Bäckchen,
am Händchen,
am Füßchen,
am Ärmchen,
am Öhrchen,
und eins sitzt gewitzt
und klitzeklein
auf der
Nasenspitz!

■ Der Zeigefinger ist auf der Reise. Er tupft die verschiedenen Stationen nach und nach ab und landet schließlich auf der Nase des kleinen Kindes.

Die Fliege

Die Fliege fliegt
mit viel Summsumm
immer in der Luft herum.
Und schaut sich
mit ganz viel Gebrumm
nach einem Platz zum Landen um.
Da sieht sie ihn!
Da ist er schon!
Und landet auf der Nase von …
(Namen des Kindes ergänzen)

■ Dieses Spiel macht den Kindern besonderen Spaß!

Schließlich kennt jeder die Stubenfliegen und weiß, wie sehr das kitzelt, wenn sie sich auf die Nase setzen.

Käferchen steigt...

Käferchen steigt eine Blume hinauf.
Klettert dann auf den Blütenkelch drauf,
spaziert nun jedes Blütenblatt ab.
Da stolpert es und fällt wieder hinab.

Käferchen steigt …

■ Eine Hand ist der Käfer, die andere Hand die Blume und der dazugehörige Arm der Stängel. Der Käfer krabbelt den langen Stängel hinauf und sitzt schließlich mitten auf der Blume. Nun spaziert er von Finger zu Finger. Weil er immer wieder herunterfällt, muss er seine Reise erneut beginnen.

Das Murmeltier

(Ein Kuschelspiel)

Abend wird es, ist bald Nacht,
das Murmeltierchen krabbelt sacht
in die dunkle Höhle rein.
Dort ist es warm, dort ist es fein.
Jetzt schläft's.
(Schnarchen und Atmen)
Die ganze Nacht.
Am Morgen ist es endlich aufgewacht.

■ Eine Hand ist das Murmeltier, die andere Hand ist die Höhle. Das Murmeltier schlüpft unter die andere Hand und schläft dort ein.

Man kann sehen, wie es in der Höhle atmet, weil sich die Höhlenhand hebt und senkt. Am nächsten Morgen hüpft das Murmeltier fröhlich aus der Höhle heraus, die andere Hand spielt die aufsteigende Sonne. Dieses Spiel kann man auch zu zweit spielen. Und wer bestimmt eigentlich, wie lange das Murmeltier schläft?

Kommt ein Mäuschen

Kommt ein Mäuschen,
baut ein Häuschen.
Kommt ein Mückchen,
baut ein Brückchen.
Kommt ein Floh,
der macht so …

Krabbelt ein Männle …

Krabbelt ein Männle
's Bergle 'nauf.
Krabbelt immer weiter,
es will zu mei'm Kindle hin,
auf der langen Leiter.
Klingelingeling!
Da klopft's an:
Guten Tag, Herr Nasenmann!

■ Das Mäuschen krabbelt
den einen Arm hoch, das
Mückchen den anderen.
Der Floh hüpft von einer
zur anderen Stelle …

■ Die Hand krabbelt als Männle
bis zum Hals, zieht am Öhrchen, tapst ans Bäckchen und
berührt das Näschen.

Das Pferd an der Bushaltestelle

Es steht und wartet auf den Bus,
ein Pferd auf allen Vieren.
Der Bus, der soll es heute mal
zum Weideplatz chauffieren!
Der Bus kommt leider ewig nicht,
da wird das Pferd so müd'.
„Jetzt bloß nicht schlafen!", hat's gesagt
und hat sich hingekniet.
Das Pferd ist feste eingenickt
auf dieser kurzen Rast.
Es hat von einem Bus geträumt
und ihn drum verpasst.
Das Busgeld reichte grade so
für einen Zuckerdrop.
Nun rennt es selbst zum Weideplatz
in fliegendem Galopp.

■ Eine Hand ist das Pferd.
Der Mittelfinger ist der Kopf,
alle anderen Finger die Beine.
Der Unterarm der anderen
Hand ist die Bushaltestelle.
Nun gehen die Finger
„in die Knie".

Jetzt liegt das Pferd flach.

Schnarchen.

Die andere Hand macht den
Bus, er hält sogar an,
aber das Pferd schläft weiter.

Das Pferd galoppiert davon.

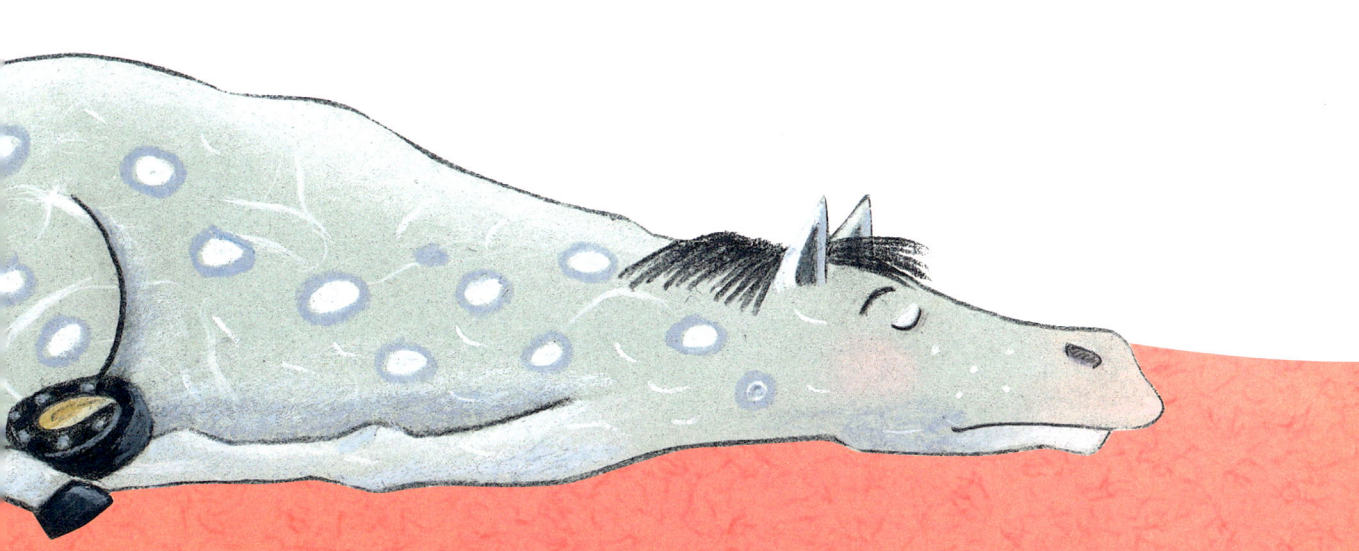

Im Garten steht ein Baum

Im Garten steht ein Baum, der hat viele, viele Äste.
Und jeden Tag hat der Baum auch viele, viele Gäste:
Käfer krabbeln zu ihm hinauf,
Vöglein setzen sich oben drauf,
Bienchen fliegen um ihn herum
und machen dabei summ, summ, summ.
Und dann kommt der Wind und schüttelt die Äste
– husch, fort sind alle lieben Gäste.

■ Der Ellenbogen wird auf die Tischplatte gestellt. Der Unterarm ist der Baum-stamm und die ausgestreck-ten Finger sind die einzelnen Äste. Die andere Hand spielt die Tiere, die zu Besuch kom-men.

Das ist der Daumen ...

Finger stellen sich vor

DAUMEN

Die Familie Finglifei

Die Familie Finglifei
isst so gerne Hirsebrei.
Vater Finglifei ist rund:
„Hirsebrei ist so gesund!"
Mutter Finglifei ist dünn:
„Da sind so gute Sachen drin!"
Bruder Finglifei ist groß:
„Wann geht die nächste Mahlzeit los?"
Schwester Finglifei ist klein:
„Hirsebrei, das schmeckt so fein!"
Nur der kleinste Finglifei
macht bei Hirsebrei Geschrei…

Das ist der Daumen

Das ist der Daumen.
Der schüttelt die Pflaumen.
Der hebt sie auf.
Der bringt sie nach Haus.
Und der Kleine, isst sie alle, alle auf.

■ Familie Finglifei sind die Finger einer Hand und werden nacheinander vorgezeigt. Der Daumen ist der Vater Finglifei und beginnt.

Der kleine Finger ist der Kleinste in der Familie Finglifei und darf seine ganze Abscheu gegen Hirsebrei deutlich zeigen.

■ Die Finger werden der Reihe nach vorgestellt und erzählen die Geschichte von den Pflaumen.

Die Familie Itzig

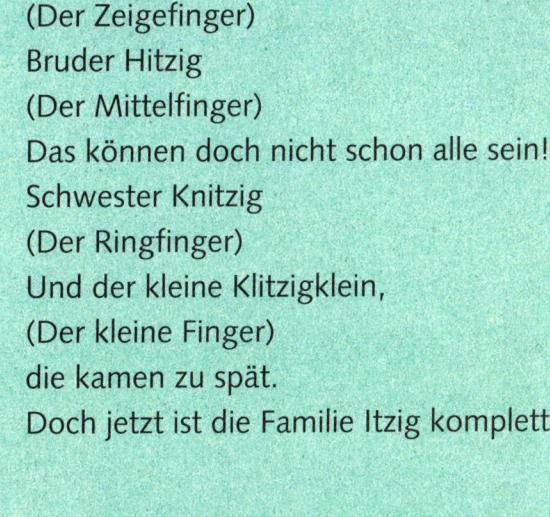

Herr Witzig
(Der Daumen)
Frau Spitzig
(Der Zeigefinger)
Bruder Hitzig
(Der Mittelfinger)
Das können doch nicht schon alle sein!
Schwester Knitzig
(Der Ringfinger)
Und der kleine Klitzigklein,
(Der kleine Finger)
die kamen zu spät.
Doch jetzt ist die Familie Itzig komplett

■ Die Finger der Hand zeigen sich nacheinander und stellen sich vor. Erst einmal sind es drei Finger, die sich nach den anderen umsehen. Dann kommen die anderen hinzu.

Himpelchen und Pimpelchen

Himpelchen und Pimpelchen
saßen auf einem Berg.
Himpelchen war ein Heinzelmann,
und Pimpelchen war ein Zwerg.

Sie blieben lange da oben sitzen
und wackelten mit dem Zipfelmützen.
Doch nach 59 Wochen
sind sie in den Berg gekrochen.

Dort schlafen sie in süßer Ruh.
Sei nur still – und hör gut zu!

■ Die Daumen jeder Hand sind die Zwerge. Wenn die Zwerge in den Berg kriechen, schlüpfen die beiden Daumen in die Fäuste der jeweiligen Hand. Wer ganz still ist, hört sie schnarchen.

Der kann gut drücken

Das ist der Daumen,
der kann gut drücken,
und mit dem Zeigefinger
kann er zwicken,
und mit dem Mittelfinger schwören,
und mit dem Ringfinger
besser hören ...
Doch erst mit dem Kleinsten – hier daneben,
kann er die ganze Hand uns geben.
Guten Tag!

■ Erst wird der Daumen alleine gezeigt. Wenn der Zeigefinger hinzukommt, zwickt man sich selbst oder sein Gegenüber vorsichtig. Ist der Mittelfinger dabei, werden drei Finger wie zum Schwur erhoben. Mit dem Ringfinger zusammen geht es hinter das Ohr. Dann kommt der kleinste Finger dazu. Die Hand ist ausgestreckt und kann nun jedem Guten Tag sagen.

Zehn kleine Zappelmänner

Zehn kleine Zappelmänner
zappeln hin und her.
Zehn kleinen Zappelmännern
fällt das gar nicht schwer.

Zehn kleine Zappelmänner
zappeln auf und zappeln nieder.
Zehn kleine Zappelmänner
tun das immer wieder.

Zehn kleine Zappelmänner
spielen gern Versteck.
Zehn kleine Zappelmänner
sind auf einmal weg.

■ Hier sind alle Finger beider
Hände unterwegs.

Sie wackeln in der Luft und
machen die beschriebenen
Bewegungen nach. Am Ende
werden sie hinter dem
Rücken versteckt.

Otto ist der große Boss

(Ein Spiel mit einer Hand)

Otto ist der große Boss
er ist der Stärkste – zweifellos!
Lotte ist zwar stark und groß,
doch längst nicht so stark, wie der Boss.
Bodo ist auch stark und groß,
doch längst nicht so stark, wie der Boss.
Hotte ist auch stark und groß,
doch längst nicht so stark wie der Boss.
Und was schreit der Kleinste pausenlos:
„Ich bin viel größer als der Boss,
ich bin viel größer als der Boss,
ich bin viel größer als der Boss!"
„Na warte!", ruft der Boss,
„Wenn ich dich kriege,
dann ist was los …!"

■ Der Daumen (der Boss) kann
den kleinen Finger einfach
nicht erwischen. Oder doch?
Selber ausprobieren!

Dieses Spiel lässt sich
endlos fortsetzen.

Der ist in den Brunnen gefallen

Der ist in den Brunnen gefallen.
Der hat ihn wieder rausgeholt.
Der hat ihn ins Bett gelegt.
Der hat ihn zugedeckt.
Und der kleine Schelm –
der hat ihn wieder aufgeweckt.

Der sagt, ich bin berühmt und reich

Der sagt, ich bin berühmt und reich.
Der sagt, ich bin ein Scheich.
Der sagt ich bin der Nikolaus.
Der sagt, ich bin die kleine Maus!
Der Kleine sagt, ich glaub ihr spinnt!
Ihr wisst doch, dass wir Finger sind!

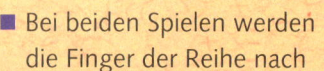

■ Bei beiden Spielen werden die Finger der Reihe nach abgezählt. Es beginnt, wie meistens, der Daumen und zum Schluss bleibt der kleine Finger übrig.

Das Häschen Löffelohr

Finger spielen

Tiere

Die Spinne

Die Spinne, die Spinne, die Spinne, die Spinne,
sie rennt, damit sie das Weite gewinne.
Sie hat zwar acht Beine,
nur Zeit hat sie keine,
drum hält sie nicht einen Augenblick inne –
die Spinne, die Spinne, die Spinne, die Spinne.
Ach, jetzt ist sie schon weg.

■ Die Hände werden über-
einandergelegt und die Daumen haken sich ein. Sie
bleiben unbeweglich, aber
die acht anderen Finger sind
in heftiger Bewegung und
krabbeln über den Tisch.
Noch zu schwierig?
Dann versuchen Sie es einmal ohne das Einhaken.

Die Katze sitzt vorm Mäusehaus

Die Katze sitzt vorm Mäusehaus:
„Ach spiel mit mir und komm heraus,
ich will dich mit den Tatzen
auch ganz bestimmt nicht kratzen."

Da schaut die Maus zum Haus hinaus:
„Ich komme ganz bestimmt nicht raus –
du kannst mich auch nicht kratzen,
ich spiele nicht mit Katzen."

Da macht die Katze einen Satz:
„Gleich hab ich dich du freche Ratz!"
Die Maus schlüpft schnell ins Mäusehaus
       und kommt nun ganz gewiss nicht raus.

■ Eine Hand ist die Katze. Der geknickte kleine Finger und der Zeigefinger sind die Ohren, und der Daumen ist der Mund. Der Daumen der anderen Hand ist die kleine Maus. Die über den Daumen gelegten Finger sind das Hausdach. Die Maus schaut also nur ein ganz klein bisschen aus dem Mäusehaus heraus.

Nach dem Sprung der Katze kann man die Hände wechseln.

Unser Linchen

Unser Linchen
hat fünf Kaninchen.
Das erste ist weiß wie Schnee,
das zweite frisst Gras und Klee,
das dritte hat ein Glöckchen um,
das vierte springt im Feld herum,
das fünfte ist noch gar nicht groß,
das sitzt dem Linchen auf dem Schoß!

Fünf Kinder gehen in den Zoo

Fünf Kinder gehen in den Zoo,
und jeder schreit: „Ich freu' mich so!"
Der Erste will gleich zu den Affen,
der Zweite nur zu den Giraffen.
Der Dritte will den Tiger seh'n,
der Vierte will zum Nashorn geh'n.
Der Fünfte ruft: „I wo,
ich muss erst einmal auf's Klo!"

■ Die Finger werden einfach
der Reihe nach abgezählt.

Fünf Schweinchen

Fünf Schweinchen kommen gelaufen,
der Bauer will sie verkaufen:
das Schnüffelnäschen,
das Wackelöhrchen,
das Kugelränzchen,
das Ringelschwänzchen.
Da ruft das kleine Wackelbein:
"Kommt, wir gehen alle heim!"

In unserem Häuschen

In unserem Häuschen
sind schrecklich viele Mäuschen.
Sie kribbeln und krabbeln,
sie trippeln und trappeln
auf Tischen und Bänken,
auf Stühlen und Schränken.
Sie stehlen und naschen,
und will man sie haschen,
husch – sind sie fort.

■ Immer mit dem Daumen
beginnen und dem kleinen
Finger enden.

Das kleine Häschen Löffelohr

Das kleine Häschen Löffelohr
schaut hinter einem Kohlblatt vor.
Die Ohren wackeln, dass ihr es wisst,
weil es grad vom Kohlblatt frisst!
Und wenn wir still sind und nicht plappern,
dann hören wir das Häschen knabbern.
(Entsprechende Geräusche)
Doch biegen wir das Blatt beiseite,
da sucht das Häschen schnell das Weite!

■ Das Kohlblatt ist eine Hand, dahinter verstecken sich die Ohren des Häschens.

Die Knappergeräusche werden mit den beiden verborgenen Daumennägeln gemacht, die gegeneinander geknipst werden.

Das Nashorn

Das Nashorn hat da vorn
an der Nas' ein Horn.
Stößt es wo dagegen, bumm!,
da ist das Horn ganz krumm!
Armes Nashorn, oh, wie schade,
komm, ich bieg's dir wieder gerade.

■ Der Spieler hält sich die Faust an die Nase und streckt den kleinen Finger in die Luft.

Nach einem Zusammenstoß (zum Beispiel mit der flachen anderen Hand) ist das Horn ganz krumm. Die andere Hand oder ein anderer Spieler biegt es ihm wieder gerade.

Spuren lesen

Welches Tier ist das gewesen?
Man kann es an den Spuren lesen.

Da hüpfte ein Vögelchen entlang …

■ Die Fingernägel der Zeigefinger
hüpfen über den Tisch.

Da trippelte eine Maus …

Vier Finger einer Hand huschen
über den Tisch.

Hier entlang kroch eine Schlang' …

Ein großes S auf den Tisch malen.

Hier eine Schnecke, vielleicht mit Haus …

Zeigefinger abschlecken – und
Schleimspur herstellen.

Welches Tier ist das gewesen?
Man kann es an den Spuren lesen.

Bären machen große Spuren …

Die Handballen machen eine
dicke Spur.

Eichhörnchen nur kleine …

Die Fingerknöchel klopfen
auf den Tisch.

Schmetterlinge hinterlassen
höchstwahrscheinlich keine …

Die beiden Hände sind der Schmetterling
und flattern durch die Luft
davon.

■ Spuren kann man auf glatte
Steine, Papiertischdecken
oder einfach auf den Boden
machen.

Am besten tunkt man die
Finger zuvor in Wasser, dann
sieht man die Spuren

(und sie verschwinden
nach einer gewissen Zeit
auch wieder).

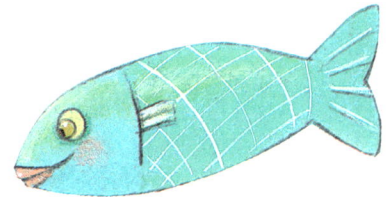

Die Muschel

Die Muschel liegt am Meeresgrund,
versteckt in ihrem Muschelmund
eine kleine Perle – denk!
Die macht sie ihrer Nachbarin
grad heute zum Geschenk!

Der große Vogel Strauß

Der große Vogel Strauß
schaut über sich hinaus.
So sieht er fast die ganze Welt,
und wenn ihm etwas nicht gefällt,
dann macht's dem Vogel Strauß
überhaupt nichts aus.
Er schaut dann einfach wieder weg
und verzieht sich ins Versteck!

■ Gewölbt liegt die rechte auf der linken Hand, sodass sie eine Kugel bilden. Zwischen beiden Händen liegt etwas verborgen, das kann ein buntes Steinchen oder eine Holz-perle sein. Das Geschenk wird der nächsten Muschel weiter-gegeben. Dieses Spiel ist auch als Kreisspiel geeignet.

■ Der Vogel Strauß wird durch beide Arme, die bis an die Ellenbogen aneinanderliegen, gebildet. Die Hände sind dabei gefaltet – und die Dau-men so übereinandegelegt, dass ein Vogelschnabel ent-steht. So schaut der Vogel Strauß über die Schulter des Spielers ...

Herbert, der Wurm

Herbert, der Wurm,
ist lang und gelenkig.
Von den Würmern bestimmt
der Gelenkigste, denk ich …

Klaus, die Fledermaus

Seht mal!
Klaus, die Fledermaus,
flattert jeden Abend raus.
Flattert durch die ganze Nacht,
was der Fledermaus nichts macht.
Weil sie dann den ganzen Tag
nichts als einzig schlafen mag.

■ Herbert ist der Zeigefinger, er zieht sich zusammen und streckt sich: mal nach oben, mal nach vorne. Natürlich kann jeder seinen Wurm anders nennen …

■ Die Hände überkreuzen sich und die Handflächen zeigen nach innen. Die Daumen haken sich ein – jetzt kann die Fledermaus losflattern. Wenn sie schlafen will, gibt es einen besonderen Trick: Beide Hände klappen nach unten – jetzt hängt die Fledermaus schön von der Decke herab!

Frau Meier
kauft Eier

Finger spielen Geschichten

Frau Meier kauft Eier

Frau Meier kauft Eier,
wie immer zehn Stück,
und vorsichtig geht
sie nach Hause zurück.

Sonntag gibt's Frühstück
mit weichem Ei,
für sie und Herrn Meier,
dann fehlen schon zwei.

Eins kommt in die Suppe,
aus zweien macht sie Schnee,
vier braucht sie für Kuchen
zum Mittagskaffee.

Da kommt wer gelaufen,
die Nachbarin Lies:
„Ich brauche ein Ei
für ein Breichen von Gries!"

„Eins ist noch übrig,
da haben Sie Glück,
es wird sicher reichen,
es ist sehr schön dick!"

Nur noch zwei Tage,
dann ist wieder Markt,
bis dahin gibt's eben
Kartoffeln mit Quark ...

■ Beide Hände sind aus-
gestreckt, die Finger sind die
Eier. Es werden immer weniger, bis zum Schluss nur noch
der kleine Finger übrig ist.

Steigt ein Büblein auf den Baum

Steigt ein Büblein auf den Baum,
steigt so hoch, man sieht es kaum.
Hüpft von Ast zu Ästchen,
guckt ins Vogelnestchen.
Hui, da lacht es.
Hui, da kracht es.
Plumps – da liegt es unten …!

■ Der aufgestellte Unterarm ist der Baum. Die ausgestreckten Finger stellen die Zweige und Äste dar. Die andere [Hand] [ist da]s Büblein, das [an ihm] hinaufsteig[t und d]arin herumhüpft, dass der Baum nur so wackelt.

Der arme Heiner

Heiner, der Arme ist krank wie noch nie,
es schmerzen die Füße, es wackeln die Knie,
der Hals und Kopf, der Bauch tut ihm weh.
„Uh je", jammert Heiner, „wenn ich mich so seh,
kommt Grippe und Fieber und Mumps noch dazu –
ich leg mich ins Bett, denn jetzt brauche ich Ruh."

Die Lisa, die liebe, die hat ihn versorgt
und hat ihm auch ihre Decke geborgt.
Sie hat ihm auch Tee und noch Zwieback gebracht,
da hat unser Heiner bald wieder gelacht.

■ Der Daumen ist der arme Heiner. Es geht ihm gar nicht gut. Erst wackelt er noch hin und her, doch dann muss er sich ins Bett legen. Dazu wird der Daumen in die Handfläche gelegt. Die Decke ist die Handfläche der anderen Hand, die ihm Lisa, der Daumen der anderen Hand, borgt. Dazu wird die Handfläche vorsichig über den Daumen gelegt. Wenn Heiner wieder gesund ist, wackeln beide Daumen voller Freude.

Der Luftballon

War einmal ein Luftballon,
den trug es in die Luft davon,
flog weit über unser Haus,
flog weit in die Welt hinaus.
Schwebte über die Laterne,
und entschwand dann in der Ferne.

In einem großen Garten

In einem großen Garten,
da steht ein Baum.
In dem Baum,
da ist ein Nest.
In dem Nest,
da ist ein Ei.
In dem Ei,
da ist ein Dotter.
In dem Dotter,
da ist ein Hase.
Und der springt dir
auf die Nase …

■ Der linke Unterarm und die
ausgestreckten Finger sind
der Baum. Die offene rechte
Hand ist das Nest, die linke
Faust, die darin ruht, ist das Ei.

Wenn der Hase aus dem Nest
schlüpft, zwickt er das Kind in
die Nase!

Der Apfel

Fünf Finger stehen hier und fragen:
„Wer kann denn diesen Apfel tragen?"
Der erste Finger kann es nicht.
Der zweite sagt: „Zu viel Gewicht."
Der dritte kann ihn auch nicht heben,
der vierte schafft das nie im Leben.
Der fünfte Finger aber spricht:
„So ganz alleine geht es nicht."
Gemeinsam heben kurz darauf
fünf Finger diesen Apfel auf.

■ Am besten einen Apfel für dieses Spiel bereitlegen.

Ein Finger nach dem anderen versucht, den Apfel aufzuheben. Es beginnt der Daumen. Die zur Faust geballte linke Hand kann den Apfel darstellen, wenn kein echter da ist.

Der Räuber Bo levante

Finger spielen Theater

Das kleine Haus

Aus dem kleinen Haus
schaut ein Mann heraus.
Wohnt er denn dort ganz allein?
Im kleinen Haus? Oh nein, oh nein!
Dort aus dem kleinen Haus
schaut nicht nur er heraus.
Man sieht es ganz genau:
Dort wohnt auch seine Frau...
(Sie gucken heraus und sagen abwechselnd Hallo.)

■ Dieses Spiel ist für Zuschauer gedacht. Man kann es besser vorspielen.
Die beiden Hände bilden das Haus. Dazu berühren sich die Fingerspitzen der Zeigefinger, Mittelfinger und Ringfinger. Die übereinandergelegten kleinen Finger sind der Fenstersims. Die beiden Daumen sind der Mann und die Frau, die nacheinander durch die Öffnung über dem Fenstersims aus dem Haus herausgucken.

Das Kasperletheater

Das ist Kasper, das ist klar …
„Kinder, seid ihr alle da?"
Das ist der Seppel, wie es scheint,
und der ist des Kaspers Freund.
Und wisst ihr auch, wer das hier ist?
Das ist der dicke Polizist.
Und dieses kleine Fingerlein?
Das kann nur die Großmutter sein.
Die Kleinste darf man nicht vergessen,
denn das ist ja die Prinzessin.
Jetzt beginnt das Kasperspiel:
Von drüben kommt ein Krokodil!!
Das schnappt sich einfach die Prinzessin,
und hat sie kurz mal aufgegessen.
Dann schnappt es sich auch die Großmutter,
und braucht zum Schlucken nicht mal Butter.

■ Der Kasper ist der Zeigefinger und der Seppel ist der Daumen der rechten Hand. Der Mittelfinger spielt den dicken Polizisten. Die Großmutter ist durch den Ringfinger und die Prinzessin durch den kleinen Finger vertreten.

Die linke Hand spielt das Krokodil. Jetzt wird es gefährlich: Das Krokodil frisst der Reihe nach die Prinzessin, die Großmutter, sogar den Polizisten und dann auch noch den Seppel. Es schnappt sich einfach den jeweiligen Finger, der dann in der Handfläche versteckt wird.

Und weil es gerade so vieles frisst,
schnappt es sich auch den Polizist.
Der Seppel ruft: „Oh nein, oh nein!"
Doch muss er auch noch mit hinein.
Der Kaspar hat es wohl gesehen,
und sagt: „So kann's nicht weitergehen.
Krokodil, oh Krokodil!
Du machst da was, was ich nicht will.
Gib sie her, sonst pitsche-patsche,
gibt es etwas mit der Klatsche!"

Das Krokodil denkt sich:
Das wär ein Graus!
Und spuckt einen wieder aus.
Die Prinzessin!
„Gib sie her, sonst pitsche-patsche,
gibt es etwas mit der Klatsche!"
Das Krokodil denkt sich:
Das wär ein Graus!
Und spuckt einen wieder aus.
Die Großmutter!
„Gib noch wen her, sonst pitsche-patsche,
gibt es etwas mit der Klatsche!"
Das Krokodil denkt sich:
Das wär ein Graus!
Und spuckt einen wieder aus.
Den Polizisten!
„Gib noch wen her, sonst pitsche-patsche,
gibt es etwas mit der Klatsche!"

■ Nur der Kasper kann nicht
so einfach gefressen werden.
Schließlich hat er eine Klatsche. Deshalb spuckt das
Krokodil nach und nach alle
wieder aus.

Kaum sind sie wieder alle
sichtbar, flüchtet das Krokodil
hinter den Rücken des
Spielers.

Das Krokodil denkt sich:
Das wär ein Graus!
Und spuckt auch noch den Letzten aus.
Den Seppel!

„Jetzt geh heim, sonst pitsche-patsche,
gibt es etwas mit der Klatsche!"
Das Krokodil, es denkt:
Das wär ein Graus!
Rennt eilig weg, und zwar nach Haus.

Das hier ist der Kapitän

Das hier ist der Kapitän,
habt ihr die Mannschaft schon gesehen?
Dies hier ist der Steuermann
der weist dem Schiff die Richtung an.
Das da ist der starke Maat,
weil er so große Kräfte hat.
Das da ist der Koch an Bord,
der Kleine hilft mal da, mal dort.
Diese fünfe, ja, sie passten
in ein Schiffchen mit vier Masten.
Damit segelten sie kreuz und quer
auf dem Meere hin und her.
Da ist ein großer Sturm gekommen
und hat das Schiffchen mitgenommen.
Zum Abschied haben sie noch gewunken,
dann sind im Meere sie versunken.
Der Kapitän, der taucht als Erster auf,
er zieht die andern mit hinauf.
Zusammen schwimmen sie an Land
und geben hier uns ihre Hand.

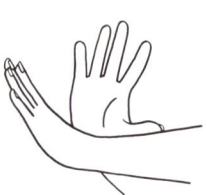

■ Der Daumen ist der Kapitän. Das Schiffchen ist die andere ausgestreckte Hand, und die

Masten sind die vier Finger. Wenn das Schiffchen auf dem Meer ist, wird der andere

Arm zum Meeresspiegel. Dort versinkt das Schiff. Doch der Kapitän und die ganze Mannschaft tauchen wieder auf.

Der Räuber Bo Levante

Der Räuber Bo Levante
erschreckt 'ne alte Tante.
Hihi, hoho klingt sein Geschrei,
als hätt er 'ne Pistole dabei.
Da flieht die alte Tante
und schreit: „'ne Räuberbande!"
Und Bo Levante lacht auch noch
und kriecht schnell in sein Höhlenloch.
Da kommt die Polizei herbei,
die sind zu fünft, auwei, auwei.
Drum kriecht er tief ins Höhlenloch,
doch da sieht man ihn immer noch.
Oh Schande, oh Schande!
Sie haben Bo Levante!

Der kommt jetzt in den Kerker,
der macht uns nie mehr Ärger.
Da schreit der Bo Levante
noch lauter als die Tante.

■ Der Daumen ist der Räuber. Der Zeigefinger der anderen Hand ist die erschreckte Tante. Die Faust der Daumenhand ist die Räuberhöhle, in die der Daumen kriecht. Fünf Finger der anderen Hand sind die Polizisten, die den Räuber gefangen nehmen wollen.

Die Höhle der Daumenhand öffnet sich, und die Finger werden zu Gitterstäben – die andere Hand wird zum Dach des Gefängnisses. Der Räuber Bo Levante schaut zwischen den Gitterstäben hindurch und wäre gerne wieder frei …

Der Drachenkampf

Das ist der König, seht nur hin!
Und seine Frau, die Königin.
Das sind die Brüder, eins und zwei!
Ein kleiner ist auch noch dabei.

Der erste ist voll Kraft und Mut,
der zweite hat den schönen Hut.
Der dritte, der ist dumm und klein,
und wer wird einmal König sein?

Der König spricht: „Ein Drache ist's,
der Mensch und Tiere, alles frisst!
Bezwingt den Drachen mir sogleich,
wem das gelingt, der erbt das Reich!"

Der erste geht voll Kraft und Mut,
und sieht schon bald des Drachen Wut.
Und auch der Drache sieht ihn schon,
da rennt der erste schnell davon.

Der zweite geht mit seinem Hut,
da sieht er auch des Drachen Wut:
Und auch der Drache sieht ihn schon,
da rennt der zweite schnell davon.

Da geht der dritte, dumm und klein,
und wird auch gleich beim Drachen sein.
Da gibt der Kleine ihm 'nen Streich,
der Drache kippt und fällt sogleich.

■ Der Daumen ist der König,
der Zeigefinger ist die Königin – nun kommen die Prinzen dazu: Mittelfinger, Ringfinger und der kleine Finger. Der Drachen ist die andere Hand. Wenn der Drache auf den Rücken fällt, sieht man die Prinzessin (den kleinen Finger der Drachenhand). Sie und der dritte Königssohn stellen sich nahe zueinander. Die anderen Finger klappen hoch und runter: So vorbeugen sie sich!

Da sieht er auch ein Mädchen fein,
das muss eine Prinzessin sein!
Die heiratet er noch diesen Mai,
die Schwestern kriegen die andern zwei …

Da wurd' der Kleinste König gar
und regierte hundert Jahr.
Und als wahr ist auch bezeugt,
alle haben sich verbeugt …!

Fünf Ritter

Fünf Ritter, die in ihren Betten liegen,
wollten den bösen Drachen besiegen!
Der erste Ritter traut sich nicht,
der zweite zittert fürchterlich.
Der dritte, der will auch nicht gehen,
der vierte schafft das nie im Leben.
Der fünfte aber spricht:
„Allein, so geht das wirklich nicht!"
So reiten kurz darauf
fünf Ritter den Berg hinauf!
Doch am Berge oben, welch ein Schreck,
da war der Drache plötzlich weg!

■ Zu Beginn des Verses liegen
alle fünf Ritter noch im Bett.
Die andere Hand deckt sie zu.
Wenn die Ritter aufstehen,
wird einer nach dem anderen
gezeigt.

Wenn ich Räuberhauptmann wär

Also, hört mal alle her!
Wenn ich Räuberhauptmann wär
und hätte auch zehn Räuberbuben,
wär'n hier immer leer die Stuben.
Alle wär'n auf Beute aus!

Nanu, da kommt ja wer nach Haus?
Ich hab zum Räubern keine Lust!
Ich auch nicht, denn ich habe Durst!
Ich auch nicht, denn mich drückt der Bauch!
Ich auch nicht, denn so geht's mir auch!
Ich bin zum Räubern noch zu klein!
Zum Räubern muss man dünner sein!
So was darf man ja nicht machen!
Ich mach lieber andere Sachen!
Mir ist nach Lernen und Studieren!
Mir ist nach Honig ausprobieren!

Also, hört mal alle her!
Ich wär kein Räuberhauptmann mehr.
Wär lieber ich ein runder, feister
Honigkuchen-Bäckermeister …

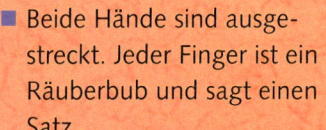

■ Beide Hände sind ausgestreckt. Jeder Finger ist ein Räuberbub und sagt einen Satz.

Zu guter Letzt leckt sich der Bäckermeister die Finger ab: „Honigkuchen, lecker!"

Meine Hand und deine Hand

Fingerspiele zu zweit

Die Trollfinger

Zehn Trolle tollen durch die Nacht,
wohin sie eilig rennen?
Sie treffen mit zehn Elfen sich,
die sie schon lange kennen.

Im Mondlicht sagt man guten Tag
und dreht sich wild im Kreis.
Die Trolle singen dabei laut,
die Elfen sind ganz leis.

Gemeinsam spielt man allerlei,
zum Beispiel auch Versteck'.
Sie sind in Höhlen reingeschlüpft
und waren plötzlich weg.

Nanu, da fehlt von zehn ein Troll,
der ist des Nachts verschwunden.
Da haben alle ihn gesucht –
und zum Glück gefunden!

■ Ein Kinderspiel für zwei Personen. Jeder stellt zehn Finger zur Verfügung, das sind entweder die Trolle oder die Elfen. Handflächen werden auf Handflächen gelegt, dann wird wild hin und her getanzt. Schließlich verstecken sich die Finger in Ärmeln von Pullis, Hosentaschen usw. Zum Schluss ist ein Finger verschwunden, vielleicht der kleinste. Er wird gesucht und dann entdeckt.

Vogelnestchen

In einem Vogelnestchen,
da geht es unruhig zu.
Acht kleine junge Vögelchen,
die schreien immerzu.

Ein Körnchen hier, ein Würmchen da,
und jede Menge Fliegen.
Die Eltern haben viel zu tun,
die Jungen satt zu kriegen.

Und eines Tages, das ist klar,
fliegen die Jungen aus.
Dann bleiben auch die Eltern mal
gerne hier zu Haus.

■ Die Hände werden mit den Handrücken zueinander gefaltet. Beide Daumen, die Vogeleltern, sitzen an den beiden Rändern.

Die Vogelkinder sind in der Mitte. Nun werden alle Kinder der Reihe nach gefüttert. Achtung: Auch die Kleinen am Rand nicht vergessen.

Wenn die Kinder wegfliegen, öffnen sich beide Hände. Dann werden die Hände ineinandergelegt, und die beiden Daumen, die Eltern, können sich küssen.

Das Telefon

„He, hallo, am Telefon!"

„Ja, hallo, ich hör ja schon!"

„Sagen Sie, liegt heute Schnee?
Weil ich gleich nach draußen geh'."

„Nein, wenn ich nach draußen seh,
sind da Blumen – nur kein Schnee."

„Dann können wir
uns draußen seh'n."

„Ja, bis gleich, auf Wiederseh'n."

„Ja, bis ich Sie dann gleich seh,
sage ich erst mal ade!"

■ Natürlich kann dieses
Gespräch noch endlos aus-
gedehnt werden.

Das Telefon besteht aus
einer Faust, der kleine Finger
und der Daumen sind aus-
gestreckt.

Fünf Gespenster

Gruseleien

Fünf Gespenster

Fünf Gespenster
hocken vor dem Fenster.
Das erste schreit: „Haaaaa!"
Das zweite heult: „Hooooo!"
Das dritte brummt: „Huuuuu!"
Das vierte lacht: „Hiiiii!"
Das fünfte schwebt zu dir hinein
und flüstert: „Woll'n wir Freunde sein?"

Der Geist in der Streichholzschachtel

Wenn es dunkel wird,
wenn es leise ist,
dann kann man fast nichts hören.
Nur Windgeheul,
ein Käuzchenruf.
Wer lässt sich davon stören?

Da! Plötzlich, da!
Dort, unterm Bett!
Ein schreckliches Gewimmer!
Es klappert laut,
es quietscht ganz schrill,
wird zudem immer schlimmer.

■ Alle Finger werden der Reihe
nach vorgestellt.

■ Eine Hand flattert als Gespenst
hin und her. Die andere Hand
fängt das Gespenst und steckt

Es ist ein Geist,
das weiß man gleich,
sonst würd' er das nicht machen.
Die Geister sind
dafür bekannt,
die machen oft so Sachen.

Mit einem Streichholzschächtelchen,
da kann man sie leicht schnappen:
Erst ausgeleert, dann Watte rein.
So wird es sicher klappen.

Kaum ist der in der Schachtel drin,
wird sie schnell zugeschoben.
Nun hätt' er wirklich einen Grund,
zu wimmern und zu toben.

(Hier ist das Gedicht zu Ende. In besonders
hartnäckigen Fällen gibt es aber folgende
Anfügung, die wirklich nur in Ausnahmefällen
benutzt werden sollte.)

Die Watte dämmt
sein Heulen gut.
Ich würde sagen: vierfach.
Und wenn er jetzt noch Ärger macht,
dann kommt er ins Gefrierfach.

es in eine Streichholzschachtel.
Für die Streichholzschachtel
werden die beiden Hände in-
einandergesteckt.

Der Daumen der linken Hand
liegt zwischen dem Zeigefinger und dem Daumen der anderen Hand, und der kleine
Finger der rechten Hand liegt
auf dem Zeigefinger der
linken. Zum Schluss wird der
Geist in der Streichholz-
schachtel ordentlich durch-
geschüttelt.

Ihr da! – Sprüche gegen Angst

Gespenster am Fenster
und Trolle im Schrank,
ihr Geister im Kleister
und hinter der Bank …
Es mag euch zwar geben,
doch das ist mir schnurz.
Ihr seid mir ja alle
egal wie ein … rostiger Gurkenhobel.

Im Keller ist es dunkel

Im Keller ist es dunkel,
drum sieht man auch nicht viel,
doch hört man ein Gerumpel
von einem wilden Spiel.

Drei Trolle und zwei Gnome,
die haben dort Verdruss.
Weil sie nicht rausbekommen,
wer jetzt denn fangen muss.

Doch da ist ja ein Schalter,
den drücke ich mal – für Licht.
Schon spielen sie Verstecken,
drum sieht man sie auch nicht.

■ Dieser Vers wird laut gerufen. Die Hände bilden einen Trichter und umschließen den Mund wie eine Flüstertüte. Bei „rostiger Gurkenhobel" werden die Handflächen gegeneinandergerieben.

■ Die Hände werden geschlossen und nur noch ein kleiner Spalt ist offen. Wenn das Licht eingeschaltet wird, öffnet sich die Hand. Nichts mehr zu sehen!

Die Maus hat Angst vor der Katze

Die Maus hat Angst vor der Katze
und fürchtet sich vor ihrer Tatze.
Die Katze hat Angst vor dem Hund,
sein Knurren ist dafür der Grund.
Der Hund hat Angst vor dem Tiger,
er wäre gewiss sein Besieger.
Auch der Tiger hat Angst –
vor dem Elefant!
Und sieht er ihn,
ist er schon fortgerannt.
Und der, der große Elefant?
Hat der auch mal Angst? Ich bin gespannt!
Der Elefant hat Angst vor der Maus.
Aus.

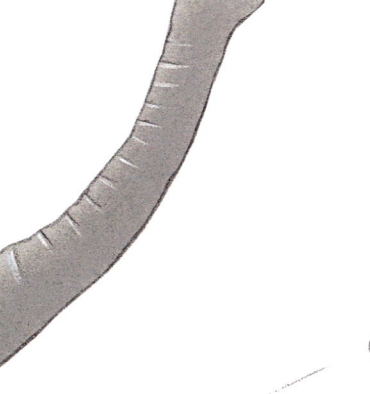

■ Die Maus ist der kleine Finger, die Katze die Faust der anderen Hand.

Beim Hund sind die Finger ausgestreckt, und beim Tiger gibt es Krallenhände.

Der Elefant schließlich ist die geballte Hand mit ausgestrecktem Mittelfinger und wird von der Maus in die Flucht geschlagen.

Pinke, Panke, Puster

Pinke, Panke, Puster,
im Haus hier, wohnt ein Schuster.
Ja, wo wohnt er denn?
Ja, wo wohnt er denn?
Oben oder unten drin?

■ Ein Knopf oder eine Nuss befindet sich versteckt in einer Faust.

Während des Sprüchleins werden die beiden geschlossenen Fäuste abwechselnd übereinandergeschlagen.

Das Kind muss raten, wo nun dieser Schuster wohnt? Im Keller oder etwa doch im Dachgeschoss?

Zwei Indianer im Regen

Wind und Wetter

Der Regen

Es nieselt der Regen,
erst leise, ganz still,
und auf allen Wegen
liegt noch nicht sehr viel.

Dann trommeln die Tropfen,
der Regen, er klatscht.
Die Tropfen, sie hüpfen,
es prasselt und platscht.

Nun hat sich zuletzt
der Regen verzogen.
Schau mal dort:
ein Regenbogen!

■ Zunächst tippeln die Zeigefinger leise auf die Tischplatte. Dann wird es immer
lauter und schneller. Zum
Schluss sind die Fäuste dran –
ein richtiges Unwetter!

Das kann zwar eine Weile
dauern, aber glücklicherweise
ist es irgendwann doch vor-
bei. Der Regenbogen lässt
sich wunderbar mit der Hand
in die Luft „malen"!

Zwei Indianer

Zwei Indianer stehen im Feld
und sehen, wie der Regen fällt.
Der tropft auf Feld und Wälder,
auch auf die Indianer fällt er.

Zwei Indianer bauen ein Zelt,
das auch bei starkem Regen hält,
aus Leder und aus Stöcken,
mit Seilen und mit Pflöcken.

Zwei Indianer haben das Zelt
nach kurzer Weile aufgestellt.
Wie schön ist's, drin zu sitzen,
wenn draußen Tropfen spritzen.

■ Die beiden Daumen sind
die Indianer. Die Handflächen
liegen auf dem Tisch, die beiden Daumen stehen nach
oben.

Wenn die Indianer das
Zelt aufbauen wollen, zieht
jeder Daumen seine Hand
nach oben, sodass sich die
Fingerspitzen berühren und
ein kleines Zelt entsteht.

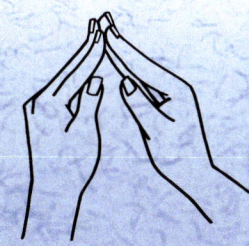

Um nicht nass zu werden,
schlüpfen die Daumen schnell
hinein.

Wo die wilden Winde wehen

Wo die wilden Winde wehen,
sieht man auch ein Bäumchen stehen.
Wenn die wilden Winde streiten,
neigt es sich zu allen Seiten.
Wenn die Winde nicht mehr wehn,
bleibt das Bäumchen gerade stehn.

■ Die Hände werden inein-
andergelegt und nach rechts
und links gebogen.

Regentropfen

Oh, da fallen Regentropfen,
die auf unsere Schultern klopfen.
Und sie tropfen auf die Nase
und die Köpfe und die Straße.
Und die Tropfen, die da spritzen,
werden riesengroße Pfützen.
Nasse Schuhe, nasse Socken,
die Sonne macht es wieder trocken.

■ Ein Tischspiel für viele
Teilnehmer.

Die Regentropfen trommeln
auf die Schultern, den Kopf,
auf die Nase und zum Schluss
auf die Tischplatte.

Dort machen die Hände ge-
meinsam eine Pfütze.
Dann ist der Regen zu Ende.
Die Sonne macht alles wieder
trocken. Dazu die offenen
Hände nach oben strecken.

Die Kerze

Die Kerze brennt mit hellem Schein,
und bläst man einmal fest hinein,
brennt sie dann noch lange? Nein!
Dann muss man ein Streichholz finden,
um sie wieder anzuzünden.
Die Kerze brennt mit hellem Schein,
und bläst man einmal fest hinein
brennt sie noch lange? Aber Nein!
Dann …

■ Die Hände sind wie zum
Gebet gefaltet. Die beiden
Zeigefinger stellen sich auf.
Das Streichholz wird pan-
tomimisch gespielt.

Es gibt natürlich verschiedene Kerzen. Große und kleine,
dicke und dünne.

Kommando Pimperle

Zeitvertreib mit Fingerspielen

Das Krokodil

(Ein Schnapp-Spiel)

Ich kenn ein schönes Spiel
von einem Krokodil.
Das liegt mit seinem großen Maul
irgendwo am Nil.
Denkst vielleicht du,
es hält grad Ruh?
Nein, denn kommt da wer,
schon schnappt es zu.

■ Der Unterarm liegt mit geöffneter Hand auf dem Tisch.

Das ist das Krokodil. Leichtsinnige kleine Mäuse hüpfen ihm über den Bauch, bis es zuschnappt.

Der Esel im Nil

Der Esel steht im tiefen Nil,
man sieht vom Esel nicht mehr viel,
nur noch die beiden Ohren,
sonst scheint der Kerl verloren.
Die Ohren wackeln hin und her,
gut an die dreizehn Mal, nicht mehr.
Dann taucht der Esel endlich auf:
„Rekord!", ruft er. „Jetzt Dauerlauf!"

■ Die linke Hand liegt waage-
recht, dahinter sieht man die
beiden Ohren des Esels.

Engele, Bengele

Engele, Bengele,
Glockenschwengele.
Engele, Bengele,
Fingerzängele.

■ Die Hände werden wie zum
Beten ausgestreckt.

Die Mittelfinger verschrän-
ken sich, dann wird die ganze
Hand umgedreht. Ist man
ein Engelchen, entsteht ein
Glockenschwengel.

Hat man die Mittelfinger
falsch herumgelegt, entsteht
ein Knoten.

Kommando Pimperle

Kommando Pimperle:
Nun wird mit den beiden Zeigefingern auf den Tisch geklopft.

Kommando Faust:
Beide Fäuste hauen auf den Tisch.

Kommando Doppelfaust:
Beide Fäuste klopfen übereinander gestellt auf den Tisch.

Kommando Brücke:
Die beiden Hände bilden eine Brücke.

Kommando Doppelbrücke:
Die Hände bilden zwei Brücken, die übereinanderstehen.

Kommando Flach:
Die Hände werden flach auf den Tisch geklopft.

■ Einer ist der Spielleiter. Der gibt die Kommandos. Die anderen sitzen um ihn herum am Tisch und versuchen, seine Kommandos so gut es geht nachzumachen. Es gibt unendlich viele Kommandos, und man kann sich immer neue ausdenken und diese auch anders benennen. Aber Vorsicht! Der Spielleiter muss selber nicht das richtige Kommando ausführen – nur seine Mitspieler!

Backe, backe, Kuchen

Backe, backe, Kuchen,
der Bäcker hat gerufen.
Wer will guten Kuchen backen,
der muss haben sieben Sachen:
Butter und Schmalz,
Zucker und Salz,
Milch und Mehl,
Safran macht den Kuchen gel.

■ Jede Silbe wird mit beiden
Händen geklatscht.

Wie schläft die Feder?

Einschlafen mit Fingerspielen

Der Siebenschläfer

Der Siebenschläfer schläft siebenmal ein:
einmal bei Freunden
und einmal allein,
einmal beim Klettern,
einmal beim Wühlen,
einmal beim Essen,
einmal beim Spielen.
Und schließlich auch in seinem Nest.
Das siebte Mal – endlich – schläft er dann fest.

■ Eine Krabbelhand ist der Siebenschläfer. Er ist überall unterwegs und schläft jedes Mal kurz ein.

Schließlich findet er in der anderen Hand sein Nestchen und kommt endlich zur Ruhe.

Wie schläft die Feder?

Wie schläft die Feder?
Leicht wie ein Flaum …
Wie schläft der Käfer?
Ruhig auf dem Baum …
Wie schläft die Blume?
Den Kelch hält sie hold …
Wie schläft die Katze?
Schön eingerollt …
Wie schläft das Feuer?
Es glimmt so dahin …
Wie schläft das Kind?
Im Bettchen drin …
Und wie schläft die Wolke?
Die Welle? Der Stein?
Bis morgen geborgen,
so schlafen sie ein.

■ Die Feder fällt leicht und hin- und herschaukelnd auf den Boden. Der Käfer krabbelt. Die Blume ist die ausgestreckte Hand, und die Finger sind die Blütenblätter, die zur Nacht eingerollt werden. Die Katze ist die Faust, die Knöchel von Zeigefinger und kleinem Finger stehen aber etwas höher. Das Feuer ist die umgedrehte Hand – dort bewegen sich die Finger erst wild und dann immer weniger. Das Kindchen sind beide Hände zum Schlafen unter die Wange gelegt. Die Wolke ist die Hand in der Luft, die Welle wird durch die Bewegung dargestellt, und der Stein schließlich ist die Faust.

Das Traumfernrohr

Es ist allgemein bekannt:
In der fest verschlossenen Hand
ist der Traum der nächsten Nacht
schon ein bisschen festgemacht.
Schau mal rein, wenn du dich traust,
in das Innere der Faust.
Man sieht schon was – erkennt es kaum,
es ist ein Zipfelchen vom Traum.

■ Zwei Fäuste übereinander
sind das Fernrohr, das an ein
Auge gehalten wird.

Um hindurchzusehen, die
Fäuste leicht öffnen.

Daumencatchen

Wettkampf mit den Fingern

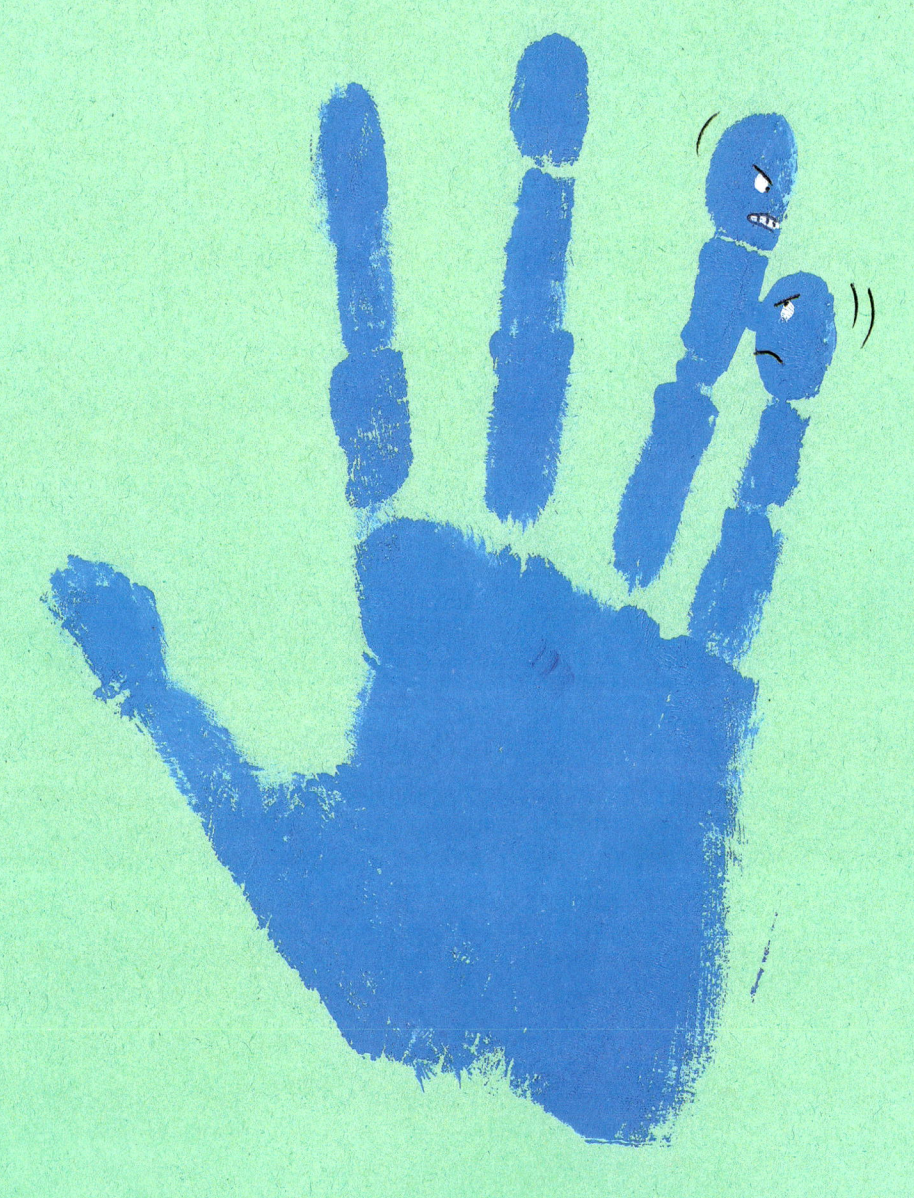

Schere, Stein, Papier

Ein uraltes Wettkampfspiel.
Jedes Symbol, das mit der Hand dargestellt wird,
steht für einen Gegenstand:
Die Faust ist der Stein.
Die gespreizten Mittel- und Zeigefinger sind die Schere.
Die flache Hand ist das Papier.
Gezählt wird auf drei.

Stein ist besser als Schere, denn der Stein kann die
Schere wetzen.
Schere besiegt Papier. Denn die Schere schneidet das Papier.
Papier wickelt Stein ein und ist deshalb besser.

Gespielt wird auf drei Gewinnsätze,
bei Unentschieden wird wiederholt.

■ Gezählt wird auf drei.
Dann wird die Faust geöffnet
und beide Spieler müssen sich
auf eine Figur festlegen.

Möhrchen, Pistole und Häschen

Häschen ist besser als Möhrchen, weil es das Möhrchen fressen kann.
Pistole ist besser als Häschen, weil es das Häschen erschießen kann.
Möhrchen ist besser als Pistole, weil es sie verstopfen kann.

■ Häschen sind die ausgestreckten Mittel- und Zeigefinger. Möhrchen ist der ausgestreckte Zeigefinger, und Pistole ist der ausgestreckte Zeigefinger mit dem abgespreizten Daumen dazu.

Daumencatchen

Die beiden Daumen der jeweils rechten Hand kämpfen miteinander. Man kann ausmachen, auf wie viele Gewinnsätze man spielt. Natürlich gibt es eine Revanche.
Aber am besten nur eine …

Mittel-, Ring-, Zeigefinger und kleiner Finger der beiden Gegner haken sich ineinander ein. Der Daumen steht in die Höhe. Er ist der Catcher. Dreimal werden die Daumen übereinander nach rechts und links getippt. Dann beginnt das Spiel. Sieger ist, wer den Daumen des Gegners drei Sekunden lang runterdrücken kann.

■ Ein Spiel für ältere Kinder ab etwa sieben Jahren.

Vorsicht, hier können die Emotionen hochkochen!